108 Amminih izreka o Veri

108 Amminih izreka o Veri

Izdavač :
   Mata Amritanandamayi Center
   P.O. Box 613
   San Ramon, CA 94583
   Amerika

———————— 108 Quotes on Faith (Serbian) ————————

Copyright 2016 © Mata Amritanandamayi Center,
P.O. Box 613, San Ramon, CA 94583, Amerika

All rights reserved

Prvo izdanje na srpskom, maj 2016

U Srbiji :
   kontakt@amma-srbija.org
   http://amma-srbija.org

U Indiji :
   inform@amritapuri.org
   www.amritapuri.org

1.

Univerzalna Moć postoji unutar vašeg bića, ali to saznanje možda jos nije ukorenjeno. Do ove Najviše Istine se može doći jedino kroz veru i meditaciju.

2.

Spiritualnost nema ništa zajedničko sa slepim verovanjem, ona je budna svest koja otklanja tamu. Mnogi duhovni učitelji su vršili produbljena istraživanja, iscrpnija čak i od radova savremenih naučnika iz oblasti. Dok nauka "klimatizuje" spoljašnji svet, spiritualnost "klimatizuje" unutarnji svet.

3.

Vrlo često zaboravljamo da snažna vera i nevina ljubav imaju lak pristup nekim vidovima realnosti, potpuno nepoznat intelektu i logici. Moć nevinosti je bila najvažnija snaga kod ključnih otkrića mnogih čuvenih naučnika. Da li ste primetili kako dete gleda sve oko sebe sa zadivljenošću široko otvorenih očiju? Isto tako, istinski naučnik posmatra ovaj univerzum sa zadivljenošću. To pomaže naučniku da istražuje najveće tajne svemira.

4.

Vera je osnov svega. Vera i odanost ljudi, a ne rituali i ceremonije, ispunjavaju hramove duhovnom energijom. Ako imate dovoljno vere, svaka voda postaje sveta kao reka Gang, a bez vere, Gang nije ništa drugo nego obična voda.

5.

Često pokušavamo da odmeravamo i procenjujemo život isključivo intelektualnim rasuđivanjem i logikom, ali ovakvim pristupom ne uspevamo da dosegnemo do istinskih dubina saznanja i iskustva. Naučimo da pristupamo životnim iskustvima sa ljubavlju i verom. Život će tada da nam otkrije sve svoje tajne.

6.

Imajte veru u teoriju karme (akcije i reakcije), pa ćete videti nevidljive ruke Boga svuda. Skrivena Božija Moć je uzrok svega postojećeg.

7.

Kada su činjenice dostupne, nema potrebe za verom. Činjenica je da Zemlja, biljke, drveće, reke i planine postoje. Vera nije potrebna da bi se znalo da postoje. Vera je potrebna kada racionalna svest zakaže. Kako je Bog nevidljiv, isključivo od osećanja vere i odanosti zavisi verovanje u egzistenciju Božanstva.

8.

Kao što imate poverenja u reči naučnika koji govore o činjenicama nama nepoznatim, tako verujte u reči velikih spiritualnih Učitelja koji govore o Istini, Oni su oličenje istine.

9.

Spiritualna literatura i veliki duhovni Učitelji podsećaju nas da je naše istinsko Biće, ili Bog, naša prava priroda. Bog nije daleko od nas. On je naša suština, ali je nama potrebna vera da ovu istinu prihvatimo.

10.

Bog se ne nalazi isključivo u hramu ili na nekom specifičnom mestu. Božanstvo je prisutno svuda, ono je svemoćno i može zadobiti bilo koju formu. Pokušajte da vidite Božanstvo, vaše Božanstvo koje toliko volite, u svemu.

11.

Bog nije neka limitirana osoba koja sedi sama na zlatnom prestolu u oblacima. Bog je čista Svest koja obitava u svemu. Shvativši ovu istinu, nauči da prihvatiš i voliš svakoga podjednako.

12.

Osnov duhovnosti nije slepo verovanje. To je iskreno ispitivanje, intenzivno istraživanje našeg istinskog Bića. Imati veru u višu silu pomaže nam da kontrolišemo naš um i naše misli.

Mada napredovanje može biti sporo i postepeno, nastavite da ulažete napor sa strpljenjem, verom i entuziazmom.

13.

Dok je sumnja rezultat učenja, dotle nam je vera svojstvena, urođena. Sumnja (u Božanstvo) je vaš neprijatelj broj jedan. Vera (u Božanstvo) je vaš najbolji prijatelj. Prizovite je i naučite da verujete. Tek tada dolazi do pozitivnog ishoda.

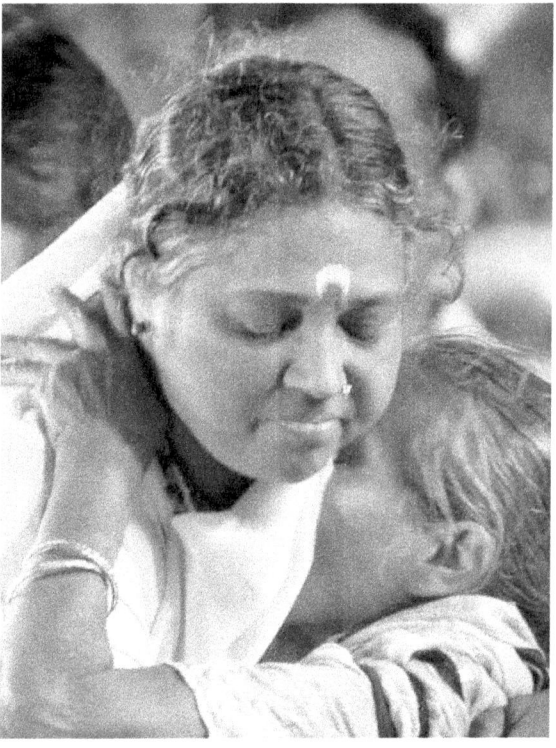

14.

Lepota leži u veri, a vera obitava u srcu. Intelekt i rezonovanje su neophodni, ali ne smemo dopustiti da nam oni požderu veru. Ne smemo dopustiti da nam intelekt izjede srce.

15.

Ono što nam je potrebno to je vera u Svevišnju Silu koja upravlja celim svemirom, koja je superiornija od misli i čula i koja čak čini da intelekt funkcioniše. Treba da se zapitamo o poreklu te Sile koja postoji u nama. Vera u tu Kosmičku Silu, zajedno sa meditacijom, pomoćiće nam da steknemo znanje o našem istinskom Biću, o ujedinjenom, o miru i spokojstvu.

16.

Ako hoćete da se vaše patnje okončaju, molite se da se sve vaše želje eliminišu. Takođe, molite se da vaša vera i ljubav prema Bogu rastu. Ako ste u stanju to da učinite, onda će Božanska volja ispuniti sve vaše potrebe.

17.

Bog je uvek sa vama i sigurno će se pojaviti kada ga prizivate sa dubokom čežnjom. Za sve potrebe onih koji imaju iskreni stav „Niko drugi me ne može spasiti, Ti jedini si moje utočište", Božanstvo će se direktno pobrinuti.

18.

Neki ljudi kažu «Bog je samo verovanje», ali u suštini, Božanstvo je u srcu svakog od nas. Bog nema neke druge ruke, noge, oči ili telo, osim naših sopstvenih. Kosmička Moć unutar svakog od nas je Bog.

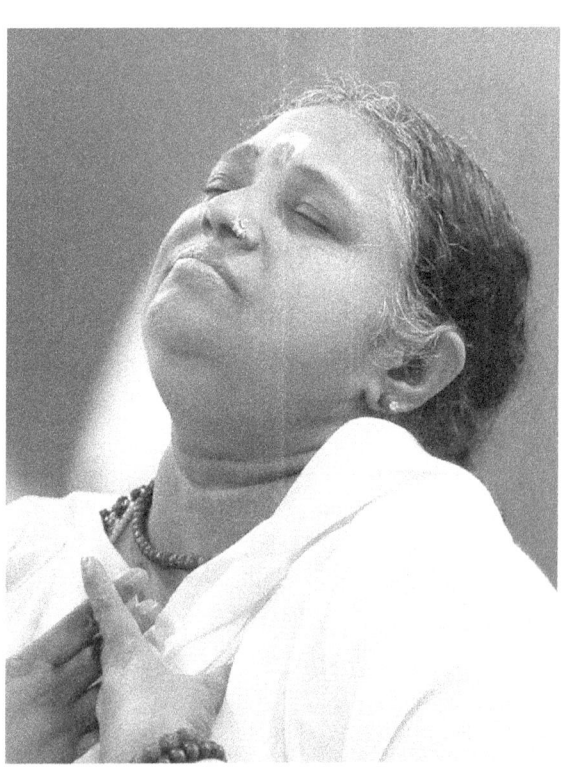

19.

Nije u stvari bitno da li ste vernik, nevernik ili skeptik. Možete biti nevernik, pa ipak imati srećan i uspešan život ukoliko imate veru u svoje istinsko Biće i služite društvu.

20.

Prava vera je verovanje u svoje istinsko Biće. I u slučaju kada verujemo u Boga izvan nas, u stvari taj Bog je unutar nas; on je naše istinsko Biće.

21.

Veruj u svoje istinsko Biće. Pokušaj da spoznaš ko si, da spoznas tvoje istinsko Biće. To je dovoljno. Ako nemaš vere u tvoje istinsko Biće, teško je napredovati čak i ako veruješ u Boga.

22.

Vera i samopouzdanje su uzajamno zavisni. Vera u Boga će ojačati veru u tvoje pravo Biće, pouzdanje u tvoje istinsko Biće; to je pravo samopouzdanje. Ako toga nema, ne možeš uspeti u životu.

23.

Seti se da kada dođe sumrak on već u svojoj utrobi nosi zoru. Mrak ne može trajati dugo. Blagovremeno, zora će sigurno svanuti i sve obasjati. Optimizam je Božija svetlost. To je oblik milosti, koji vam omogućava da gledate na život sa većom jasnoćom.

24.

Suncu nije potrebna svetlost sveće. Bog ne traži ništa od nas. Mi smo ovde da koristimo tu Božansku svetlost i da raspršujemo mrak u svetu; To je Božanski zakon.

25.

Samopouzdanje nam daje mentalni balans, hrabrost i kontrolu našeg uma. Ono nam omogućava da sa hrabrošću suočimo probleme u životu. Neki problemi su neizbežni i nezaobilazni. Vera u sebe će vam pomoći da se suočite sa njima i da ih prevaziđete.

26.

Žene nikada ne treba da misle da su manje vredne od muškaraca. Žena je ta koja je rodila svakog muškarca na ovom svetu. Ponosite se sa ovim jedinsvenim blagoslovom i krenite napred sa verom u svoju urođenu moć.

27.

Mi nismo sveće koje treba neko da zapali. Mi smo sunce, samosijajući izvor. Mi smo otelotvorenje Najuzvišenije Svesti, i moramo da se razbudimo i shvatimo tu istinu. Mi smo Ljubav.

28.

Kada ljudi izgube veru u Boga, nema harmonije ni mira u društvu; ljudi žive i ponašaju se kako im se prohte. Bez vere, moral i etika će nestati sa lica ove zemlje, i ljudi će biti u iskušenju da žive kao životinje. Nedostatak vere, ljubavi, strpljenja i opraštanja učinilo bi od života pakao.

29.

Svako od nas ima moć da postane ono što želi. Možemo izabrati da postanemo plemenita duša koja isključivo želi dobro drugima u mislima i u delima. Sa druge strane, možemo izabrati da budemo predstavnik zla. Sloboda izbora je najveći blagoslov ovog ljudskog rođenja, ali da bi potpuno iskusili ovaj blagoslov, treba da imamo nevinost i veru deteta.

30.

Nezavisno od toga koju religiju sledimo, ukoliko razumemo principe spiritualnosti, možemo dostići vrhunski cilj: realizaciju svoje istinske prirode.

31.

Vrlo je važno da poštujemo osećanja i verovanja ljudi svih religija. Vera u neizmernu snagu unutrašnjeg istinskog Bića će doneti istinsko jedinstvo među ljudima, kao i jedinstvo čovečanstva i prirode.

32.

Istinsko značenje religije je : imati veru u postojanje Svevišnje Sile i živeti u skladu sa duhovnim vrednostima.

33.

Nema razlike između Stvoritelja i stvorenog kao što nema razlike između okeana i njegovih talasa. Jedna je Svest koja sve prožima. Vera, kao i ljubav prema svemu stvorenom, treba da budu usađene u našu decu. Ovo je moguće postići kroz pravilno duhovno obrazovanje.

34.

Nema ništa loše u postojanju mnogih religija i verovanja, ali je štetno misliti da se religije razlikuju međusobno i da je jedna vera viša a druga niža. Deco, nemojte uočavati razlike. Uočite ono što ih ujedinjuje, što im je zajedničko, kao i velike ideale koje sve religije i vere uče.

35.

Ljubav i saosećanje su osnovni principi svih istinskih religija. Ovi Božanski kvaliteti su suština svih vera.

36.

Ljubav i vera su ugaoni kamenovi života. Jedino kad služimo druge sa pravim razumevanjem ljubavi i vere, bez ikakvog očekivanja, tada ćemo i mi sami biti srećni i smireni.

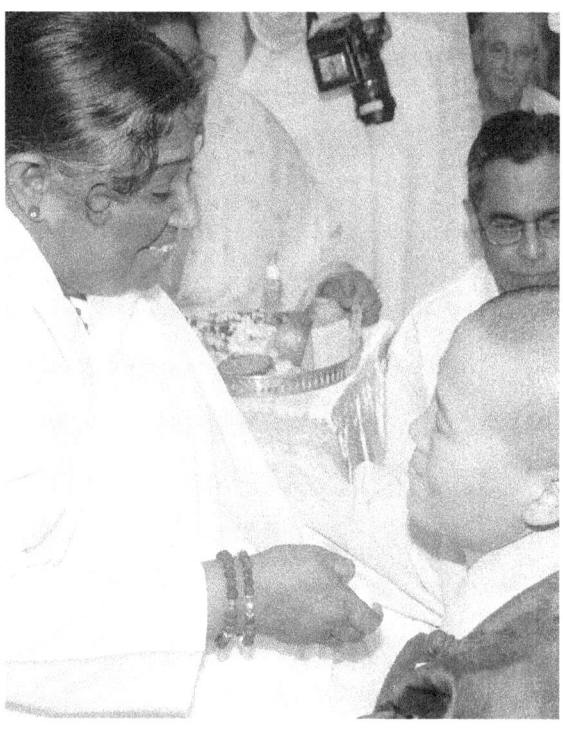

37.

Čelična armatura se koristi u građevinarstvu da se ojača beton. Bez nje, zgrade bi se srušile. Vera u Boga se može uporediti sa ovom armaturom. Naš duh, po prirodi manje-više slab, učvršćuje se verom. Ukoliko posedujemo veru, mi ne žudimo za iluzornim stvarima niti se preterano uzbuđujemo zvog njih.

38.

Intelekt se može uporediti sa makazama. On seče i odbacuje sve i ne prihvata ništa. Srce, sa druge strane, je kao igla; ono sve spaja i od naizgled različitih stvari pravi jedno. Ako uronimo dovoljno duboko u sebe, pronaći ćemo nit univerzalne ljubavi koja spaja sva bića. U ovom svetu, ljubav je ta koja sve vezuje zajedno.

39.

Ako posedujete istinsku veru, onda ćete automatski uroniti ili "pasti" u srce. "Pasti" u srce je u suštini uzdignuti se i leteti visoko.

40.

Vera i ljubav nisu dvoje. One su međusobno zavisne. Bez vere, ne možemo nekog voleti i obratno. Ukoliko imamo potpunu veru kao i ljubav prema nekome, sama pomisao o toj osobi će nam doneti izuzetnu radost. Da li bi se radovali da nemamo veru u njega i smatramo ga lopovom? Ljubavnik otvara svoje srce voljenoj osobi jer ima poverenje u nju. Ta vera je osnov ljubavi. Ljubav proizilazi iz vere.

41.

Ceo život počiva na veri. Za svaki korak napred potrebna nam je vera. Vera stvara tok koji natapa čitav svet.

42.

Ljubav je univerzalni lek. Kada postoji uzajamna ljubav, pažnja i razumevanje u životu, i kada verujemo jedno u drugo, naši problemi i brige se smanjuju.

43.

Usredsredite se na ljubav, međusobno poverenje i veru. Kada posedujete ljubav i veru, prisebnost u svakom vašem poduhvatu će automatski slediti.

44.

Istinsko slušanje je moguće kada ste prazni iznutra. Kada imate stav: „Ja sam početnik, ja sam neznalica", tada možete slušati sa verom i ljubavlju.

45.

Moramo verovati da je Bog uvek sa nama. Ovakva svest će nam dati energiju i entuzijazam koji su nam potrebni da prebrodimo bilo koju prepreku u životu. Takav optimistični stav ne treba nikada da nas napusti.

46.

Deco, neki kažu da ima vernika koji vode nesrećan život. Međutim, pravi vernici, oni koji poseduju pravu veru, su veseli i zadovoljni u svakoj situaciji. Znak pravog spiritualnog sledbenika je da uvek ima smešak prihvatanja na svome licu.

47.

Bez vere, puni smo straha. Strah obogaljuje naše telo i um, paralizuje nas, dok vera otvara naša srca i vodi nas ka ljubavi.

48.

Kada se razume prolazna priroda sveta i shvati bespomoćnost ega, onda počinje da se javlja vera u spiritualnost. Svetlost milosrđa spiritualnog Učitelja pomaže nam da vidimo i otklonimo prepreke na putu.

49.

Deco, konstantna misao da možemo umreti svakoga časa pomoći će nam da gajimo istinsku veru i težimo ka Bogu. Zar nije tačno da smo, zahvaljujući pojavi mraka, svesni veličanstvene svetlosti?

50.

Zašto se uzdati u um? Um je kao majmun koji skače sa grane na granu, od jedne misli do druge. To će nastaviti da radi do svog poslednjeg časa. Umesto u um verujte u Učitelja i sigurno ćete naći mir.

51.

Ni Bogu ni velikim svecima nije bitno da li ljudi veruju u njih ili ne. Njima nisu potrebni niti naša vera niti naše službe. Mi smo ti kojima treba njihova milost. Samo zahvaljujuci veri ta milost može da potekne ka nama.

52.

Jedina svrha duhovnog Učitelja je da inspiriše sledbenike, ulivajući im veru i ljubav koji su neophodni da bi učenici postigli cilj. Raspaljivanje vatre ljubavi prema Bogu je prvi i glavni zadatak spiritualnog Učitelja.

53.

Amma ne govori da treba da se veruje u Nju, niti da se veruje u Boga. Dovoljno je verovati u sebe. Sve je unutar vas.

54.

Jednom kada prihvatite Mahatmu (svetu osobu) kao svog duhovnog učitelja, težite da imate iskrenu veru i pokornost deteta. Sve što vam je potrebno, možete dobiti od Satgurua (pravog učitelja). Nema potrebe da i dalje tragate.

55.

Vera nije intelektualni proces. Duhovni Učitelj se ne može shvatiti ni mišljenjem niti intelektom. Vera je jedini način.

56.

Poslušnost prema Duhovnom Učitelju je vrlo važna. Guru je Parabraman (Sveviše Biće), sve-prožimajuci, inkarniran u ljudskom obliku, vaše istinsko Biće i suština čitavog stvaranja. Imati veru u Spiritualnog učitelja isto je kao i imati veru u svoje istinsko Biće.

57.

Deco, celokupna duhovnost se može iskazati jednom rečju, a ta reč je shraddha. Shraddha je bezuslovna vera u reči Učitelja i u svete spise, vera koju pravi duhovni sledbenik ima.

58.

Kada imamo veru i poslušnost prema Guru-u udruženu sa poznavanjem duhovnih načela, vasanas (tedencije uzrokovane navikama) će ubrzo biti uništene.

59.

Bezbroj je slučajeva pojedinaca koji su se pridržavali Amminih uputstava verujući u njih, ponavljali mantru i praktikovali raznovrsna uzdržavanja. Ishod je bio odstranjenje bola iz njihovih života kao i otklanjanje teškoća koje su bile predviđene u njihovim horoskopima.

60.

Čak i kad pacijent ima najboljeg lekara, ukoliko pacijent nema veru u tog lekara, tretman može biti neefikasan. Isto tako, moramo imati veru u svog spiritualnog Učitelja. Kroz tu veru ćemo se izlečiti.

61.

Nije dovoljno da imamo samo veru u lekara. Moramo uzimati i lek da bi ozdravili. Isto tako, duhovni napredak se ne može postići ukoliko ne radimo ništa i ponavljamo „vera će me spasiti". I vera i ulaganje napora su neophodni da bi se napredovalo.

62.

Spiritualni Učitelj će biti uz vas da vam ukaže kako izaći na pravi put u slučaju nekih teškoća ili za vreme kriza, ali nemojte sedeti skrštenih ruku samo zbog toga što vam Spiritualni Učitelj pomaže. Napor i upornost su neophodni sa vaše strane.

63.

Neophodni su i vera i pregnuće. Kada posadite seme, ono može da proklija, ali da bi izraslo u biljku treba navodnjavanje i đubrenje. Vera nas učini svesnim svoje prave prirode, a da bi imali o njoj direktno iskustvo, neophodno je da uložimo napor.

64.

Moramo shvatiti (razumeti) ograničenost naših postupaka, i s'druge strane, ulogu koju u našem životu ima Božanska Milost. Verujući u tu Moć, deco moja, molite se za Milost.

65.

Kada posedujete neograničenu veru, moći ćete da iskusite da je svaka stvar prožeta Svevišnjom Svešću. Potpuna vera je oslobođenje. Kada dostignete ovo stanje, sve vaše sumnje iščezavaju. Spiritualni Učitelj će vam omogućiti da postignete ovaj finalni stupanj.

66.

Ništa ne može povrediti pravog vernika. Vera nam može pružiti neizmernu snagu. Sve životne prepreke, bilo da potiču od ljudi ili prirode, će se pretvoriti u prah kada im se suprotstavi naša snažna i nepokolebljiva vera.

67.

Onome koji iskreno teži duhovnosti, duhovnost nije sporedni aspekt života, već njegov sastavni deo kao što je disanje. Njegova vera postaje nepokolebljiva.

68.

Vera omogućava da kontinualni tok milosti spiritualnog Učitelja neprekidno stiže do nas. Majka Božija je više nego ovo naše telo. Ona prožima sve i sveprisutna je. Verujte u to da su Uzvišeno Biće Majke i Vaše istinsko Biće, jedno.

69.

Ne dozvolite da se vera koju ste gradili prema Spiritualnom učitelja pokoleba. Vaša vera treba da bude konstantna, bezgranična i nepokolebljiva. Jedini način da se odstrane "nečistoće" (mentalne oscilacije) vašeg mišljenja je potpuna vera u spiritualnog Učitelja.

70.

Ništa ne može uništiti veru iskrenih istraživača. Oni imaju nepokolebljivu veru u svog spiritualnog Učitelja, u mogućnost da se spozna Bog i u mogućnost dostizanja Vrhovnog stanja.

71.

Ako posedujete čvrstu veru u svakoj situaciji, kako negativnoj tako i pozitivnoj, i vidite poruku Božanskog, onda spoljašnji spiritualni Učitelj vama nije neophodan, ali većina ljudi nema takvu snagu i odlučnost.

72.

Čvrsto verujte da niko ne može da podrije vašu veru. Ukoliko neko pokuša da poljulja vašu veru, shvatite to kao Božiji test i krenite napred sa uverenjem.

73.

Pokušavati da se oživi izgubljena vera je isto kao truditi se da kosa izraste na ćelavoj glavi. Jednom kad izgubite veru veoma je teško ponovo je zadobiti. Pre nego što prihvatite spiritualnog učitelja, pažljivo ga proučite.

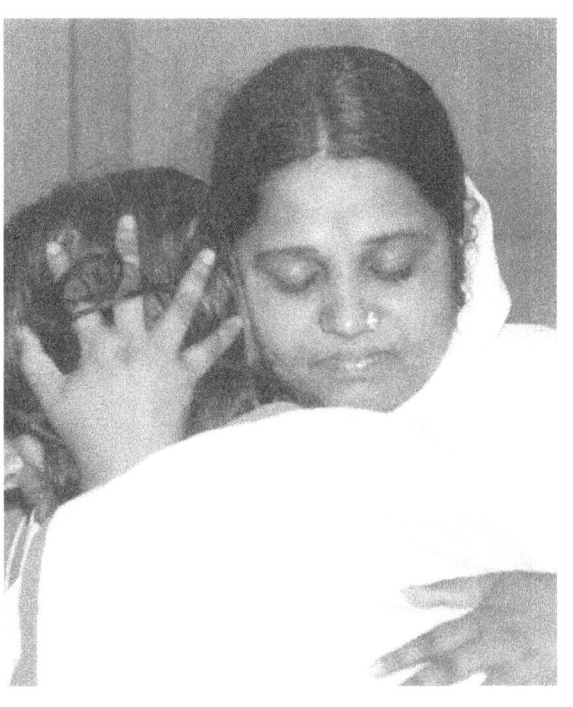

74.

Ukoliko se molite Majci sa bezazlenošću i verom, Ona će vam pomoći, u to budite sigurni. Ona je uvek uz vas. Ukoliko padnete, Ona će vam pomoći da ustanete.

75.

Težite da budete kao dete obdareno silnom verom i pažnjom. Da bi se postigao cilj, naša vera neka se ugleda na nevinost deteta.

76.

Kako starimo, gubimo entuzijazam i veselost. Zbog čega? Zato što gubimo veru i bezazlenost. Negde unutar svakog od nas, dečija veselost, nevinost i vera leže uspavane. Na nama je da ih ponovo otkrijemo!

77.

Igrajte se kao dete. Iznova probudite nevinost u vama. Provodite vreme sa decom. Ona će vas naučiti da verujete, da se smejete i da se igrate. Deca će vam pomoći da se od srca smejete i da vam iz očiju zrači zadivljenost. Božanska ljubav čini da ste nevini kao deca.

78.

Sa verom i poverenjem kao u deteta, sve je moguće. Vaša nevinost i čisto srce će vas spasiti.

79.

Možda ćete morati da napredujete korak po korak u svom spiritualnom razvoju zbog "samscaras" (tendencija iz prošlih života). Spiritualni razvoj je spor proces koji zahteva veru i smelost.

80.

Spiritualna energija koju ste zadobili kroz "sadanu" (spiritualnu praksu) je deo vas. Negujte vašu veru i entuzijazam. Ni uloženi rad ni plodovi vašeg rada ne mogu biti uništeni. Nikada ne gubite nadu.

81.

Tri osobine, strpljenje, entuzijazam i optimizam treba da budu mantre naših života. Na svakom polju delatnosti možemo uočiti da oni koji imaju veru uspevaju. Oni koji nemaju veru gube snagu.

82.

Osoba obdarena verom u Svevišnjeg drži se tog principa u trenucima krize. Vera je ta koja nam daje jak i stabilan razum koji nam omogućava da se suočimo sa bilo kojom teškom situacijom.

83.

Kada imate pravu veru u Boga i vežbate meditaciju, ponavljate mantre i molitve, zadobićete dovoljno snage da se suočite sa bilo kojom situacijom bez oklevanja. Moći ćete da delujete sa potpunom svešću čak i kada su okolnosti teške.

84.

Vera u Boga će vam pružiti mentalnu snagu koja vam je potrebna da se suočite sa svim problemima u životu. Vera u postojanje Boga će vas zaštititi; ona čini da se osećate sigurni i zašticeni od svih negativnih uticaja sveta.

85.

Ukoliko pokušate da pobegnete od svoje senke, samo ćete se srušiti usled iscrpljenosti. Umesto toga, suočite se sa teškoćama u životu kroz ljubav i veru. Zapamtite da nikada niste sami na ovom putu. Božanska Majka je uvek sa vama. Dopustite Joj da vas drži za ruku.

86.

Pravi sadhak (spiritualni sledbenik) veruje više u sadašnjost nego u budućnost. Kada verujemo u sadašnji trenutak, sva naša energija će se manifestovati sada i ovde. Predajte se sadašnjem momentu.

87.

Prošlost je rana. Ako zagrebete tu ranu živeći u sećanjima, rana će se inficirati. Nemojte to raditi, inače će postati veća. Umesto toga pustite je da zaraste. Ozdravljenje je moguće jedino pomoću vere i ljubavi prema Uzvišenom.

88.

Treba da verujemo u sebe umesto da se oslanjamo na druge radi utehe. Jedino tada ćemo naći pravu utehu i satisfakciju.

89.

Ljudi i predmeti za koje ste vezani će vas jednog dana napustiti. Svaki put kad neko ili nešto nestane iz vašeg života, možete biti obuzeti agonijom i strahom. To će trajati sve dotle dok se u potpunosti ne predate Bogu i ne razvijete veru u večnu prirodu svog istinskog Bića.

90.

Vi ste u stanju da se pomerate i da radite isključivo zahvaljujući milosti i moći Svevišnjeg. Živite u uverenju da je Bog vaš jedini pravi rođak i prijatelj.

Ako se u potpunosti predate, Svevišnji će vas uvek usmeravati. Sa verom u to Božanstvo nikada se nećete spotaći.

91.

Svi vaši problemi potiču od toga što niste postojani unutar svog istinskog Bića . Svest je beskrajni izvor snage. Vaš mali svet treba da se razvija i da postane ceo svemir. Možete primetiti da, kako vaš mali svet postaje sve veći, tako se vaši problemi rasplinjuju i nestaju.

92.

Vaš najintenzivniji odnos treba da bude sa Svevišnjom (Božanskom Majkom). Poverite Joj sve svoje jade, i to će vas priblišiti njoj. Ona ne može da sedi i ćuti nedodirnuta kada je neko nevinog srca priziva. Vera i pokornost otklanjaju svaku tugu.

93.

Svako od nas nosi teret jada i bola nasleđenih iz prošlosti. Rešenje je da se razvije ljubav, saosećanje i poštovanje. To će izleciti sve naše rane.

94.

Saosećanje izvire iz vere i svesnosti da Božanstvo sve prožima. Oni koji nemaju saosećanja i koje ne zanima dobrobit drugih nemaju veru.

95.

Prijemčivost je moć da se veruje, da se poseduje vera i da se prihvati ljubav. To je moć koja sprečava da se sumnja uvuče u vaše misli.

96.

Kao i svaka druga odluka, sreća je takođe odluka. Čvrsto odlučite sledeće: „ bez obzira na to šta će da se desi, ja cu biti srećan. Znajući da je Bog sa mnom biću hrabar". Ne gubeći samopouzdanje, krenite napred.

97.

Dete moje, nemoj nikada gubiti hrabrost. Nemoj nikada izgubiti poverenje u Boga i život. Uvek budi optimistično bez obzira na situaciju u kojoj se nalaziš. Sve se može postići sa verom i hrabrošću.

98.

Kao što nektar ispunjava sveži jutarnji cvet, dopustite da vas ispuni dobrota. Kada se otvorite, primetićete da je sunce uvek sijalo i vetar uvek duvao, noseći slatki miris Božanskog. Nema ni uslovljavanja niti primene sile. Jednostavno dopustite da se vrata vašeg srca otvore; ona nikada nisu bila zaključana.

99.

Vaspitavanje i disciplina stečeni u detinjstvu ostavljaju duboke korene u nama i igraju veliku ulogu u izgradnji karaktera. Roditelji treba ne samo da hrane decu i ispunjavaju im želje već i da ih vaspitavaju, ulivajući im veru i primerenu kulturu.

100.

Ukoliko imate istinsku veru u Boga, onda ne možete povrediti Prirodu. To je zbog toga što pravo verovanje ukazuje da je Priroda Božanska i da nije odvojena od našeg istinskog Bića.

101.

Idite napred sa verom. Onaj koji ima bezuslovnu veru nikada ne skreće sa pravog puta.

102.

Osoba koja je obdarena istinskom verom je postojana. Osoba koja ima istinitu religiju pronalazi mir. Izvor ovog mira je srce, ne glava. Verovanje zadobijeno kroz priču, slušanjem i čitanjem neće trajati dugo, dok će vera stečena iskustvom trajati zauvek.

103.

Gde postoji ljubav, nema napora. Odbacite sva kajanja iz prošlosti i opustite se. Opuštanje će vam pomoći da dobijete više snage i vitalnosti. Opuštanje je metod pomoću kojeg možete nazreti zračak vaše prave prirode, beskrajni izvor svog postojanja. To je umetnost kojom smirujete tok misli.

Jednom kad naučite ovu umetnost, sve počinje da se dešava sponatano i bez napora.

104.

Svako delovanje donosi plodove. Budućnost su plodovi, ali ... ne brinite za budućnost. Strpljivo čekajte, živeći u sadašnjosti, obavljajući svoj posao sa koncentracijom i ljubavlju. Ukoliko ste sposobni da živite u svakom momentu svoga rada, dobri rezultati ne mogu izostati. Kada se radi s'iskrenošću i svim srcem, plodovi rada moraju biti dobri. Međutim, ukoliko ste preokupirani rezultatima rada, ne samo da nećete biti u mogućnosti da uložite neophodni napor, nego nećete postići ni očekivani rezultat.

105.

Kada vidite život i sve što život donosi kao dragocen poklon, bićete u stanju da kažete "Da" svemu. "Da" je prihvatanje. Kad god postoji prihvatanje, reka života će vas "nositi". Ljubav jednostavno teče. Ko god je spreman da zapliva i zaroni biće prihvaćen onakav kakav je.

106.

Imajte vere, moja deco. Nema potrebe da se plašite. Znajte da je Majka (Božanska Majka) uvek sa vama.

107.

Snažna odlučnost i nepokolebljiva vera su dva faktora neophodna za uspeh u bilo cemu. Imajte potpunu veru u Svevišnjeg. Vera čini čuda.

108.

Upalite lampu ljubavi i vere u sebi i krenite napred. Kada je svaki korak praćen dobrim mislima i sa smeškom na licu, sve što je dobro će vam krenuti u susret i ispuniti vaše biće. Tada Bog nikako ne može biti daleko od vas. Božanstvo će vas zagrliti.

www.ingramcontent.com/pod-product-compliance
Lightning Source LLC
Chambersburg PA
CBHW070609050426
42450CB00011B/3026